Sprachreisen
Language study tours

**Sprachreisen
Das ist Norm in Europa**

**Language study tours
That's the standard in Europe**

Holger Mühlbauer

1. Auflage 2005

Herausgeber:
DIN Deutsches Institut für Normung e. V.

Beuth Verlag GmbH · Berlin · Wien · Zürich

Herausgeber: DIN Deutsches Institut für Normung e.V.

© 2005 Beuth Verlag GmbH
Berlin · Wien · Zürich
Burggrafenstraße 6
10787 Berlin

Telefon: +49 30 2601-0
Telefax: +49 30 2601-1260
Internet: www.beuth.de
E-Mail: info@beuth.de

Das Werk einschließlich aller seiner Teile ist urheberrechtlich geschützt. Jede Verwertung außerhalb der Grenzen des Urheberrechts ist ohne schriftliche Zustimmung des Verlages unzulässig und strafbar. Das gilt insbesondere für Vervielfältigungen, Übersetzungen, Mikroverfilmungen und die Einspeicherung in elektronischen Systemen.

© für DIN-Normen DIN Deutsches Institut für Normung e.V., Berlin.

Die im Werk enthaltenen Inhalte wurden vom Verfasser und Verlag sorgfältig erarbeitet und geprüft. Eine Gewährleistung für die Richtigkeit des Inhalts wird gleichwohl nicht übernommen. Der Verlag haftet nur für Schäden, die auf Vorsatz oder grobe Fahrlässigkeit seitens des Verlages zurückzuführen sind. Im Übrigen ist die Haftung ausgeschlossen.

Zeichnungen: Grafikbüro Schumacher, Königswinter
Satz: B & B Fachübersetzer GmbH
Druck: Ruksaldruck GmbH + Co KG.
Gedruckt auf säurefreiem, alterungsbeständigem Papier nach DIN 6738

ISBN 3-410-16208-9

**Anbieter von Sprachreisen –
Anforderungen nach Europäischer Norm
DIN EN 14804**

**Language study tour providers –
Requirements according to European standard
EN 14804**

Danke an
- Joachim Pitsch, Dialog Sprachkurse, Freiburg, der die europäische Arbeitsgruppe leitete;
- Kristina Unverricht, DIN-Verbraucherrat, Berlin, die die Arbeitsgruppe aus Verbrauchersicht beriet;
- Klaus Vetter, Studiosus Reisen, München, der die Beratungen als erfahrener Experte begleitete.

Thanks to
- Joachim Pitsch, Dialog Sprachkurse, Freiburg, who led the European working group;
- Kristina Unverricht, DIN Consumer Council, Berlin, who advised the working group from a consumer's point of view;
- Klaus Vetter, Studiosus Reisen, Munich, who – as senior expert – provided the group with support during its consultations.

Inhalt

Seite

1 **Anwendungsbereich** 10
2 **Die wichtigsten Begriffe und Definitionen** 11
3 **Informationsbereitstellung** 18
3.1 Allgemein 18
3.2 Welche Informationen müssen vor Vertragsabschluss gegeben werden? 18
3.3 Welche Informationen sind vor Abfahrt zu geben? 26
3.4 Welche Informationen sind bei der Ankunft zu geben?...26
4 **Dienstleistungen des Sprachreiseanbieters** 30
4.1 Welche Anforderungen gelten für das Management und das Personal? 31
4.2 Wie ist der Unterricht zu organisieren? 31
4.3 Welche Anforderungen gelten für die Unterbringung? ...40
4.4 Wie ist es mit Freizeit? 54
4.5 Welche Anforderungen gelten für die Betreuung (einschließlich Sorge für Minderjährige)? 58
4.6 Welche Anforderungen gelten für Gruppenleiter? 58
4.7 Wie wird die Kunden- und/oder Teilnehmerzufriedenheit überwacht? 64
4.8 Muss der Anbieter von Sprachreisen eine Haftpflichtversicherung haben? 66

Contents

		Page
1	**Scope**	11
2	**The most important terms and definitions**	11
3	**Provision of information**	19
3.1	General	19
3.2	Which pre-booking information is to be provided?	19
3.3	Which pre-departure information is to be given?	27
3.4	Which on-arrival information is to be given?	27
4	**Services of the language study tour provider**	31
4.1	What are the requirements for management and staff?	31
4.2	How is tuition to be organized?	31
4.3	Which requirements are there regarding accommodation?	41
4.4	What about leisure?	55
4.5	Which requirements are there regarding welfare (including care of minors)?	59
4.6	Which requirements are there for group leaders?	59
4.7	How are/is the client and/or participant satisfaction being monitored?	65
4.8	Does the language study tour provider need liability insurance?	67

1 Anwendungsbereich

Die Europäische Norm DIN EN 14804, auf der diese Publikation basiert, legt Anforderungen an Anbieter von Sprachreisen, einschließlich Sprachschulen, Reiseanbietern und Agenten, fest.

Insbesondere setzt die Europäische Norm Qualitätsmaßstäbe für im Klassenraum stattfindenden direkten Sprachunterricht im Ausland und für alle hiermit verbundenen Dienstleistungen wie Unterbringung, Freizeitprogramm und Reisedienstleistungen, die Bestandteile von Sprachstudienprogrammen sein können.

DIN EN 14804 kann über www.beuth.de bezogen werden.

2 Die wichtigsten Begriffe und Definitionen

Für die Anwendung der hier beschriebenen Anforderungen gelten die folgenden Begriffe:

2.1 Unterbringung

2.1.1 Privataufenthalt

Unterbringung in einem Privathaushalt für Teilnehmer an einem Sprachstudienprogramm mit Essensplan, wie vertraglich vereinbart

2.1.2 Aufenthalt in einer Residenz

Unterbringung in Einrichtungen wie Schulresidenz, Campus oder College für Teilnehmer an einem Sprachstudienprogramm mit Essensplan, wie vertraglich vereinbart

2.1.3 Aufenthalt in anderen Unterbringungen

Unterbringung in Einrichtungen wie Hotel, Apartment, Wohnung, Studio für Teilnehmer an einem Sprachstudienprogramm mit Essensplan, wie vertraglich vereinbart

2.2 Anbieter von Sprachreisen

juristische Einheit wie eine Schule, ein Reiseanbieter oder ein Agent, mit der durch einen Kunden ein Vertrag zur Bereitstellung eines Sprachstudienprogramms abgeschlossen wird, der auch andere verknüpfte Dienstleistungen beinhalten kann

ANMERKUNG   Der Anbieter von Sprachreisen als Hauptvertragspartner ist auch verantwortlich für Dienstleistungen, die durch Subunternehmer geleistet werden.

1 Scope

This publication is based on European Standard EN 14804, which specifies requirements for language study tour providers, including schools, tour operators and agents.

In particular, the European Standard specifies quality service levels for classroom based face-to-face language teaching abroad, and any related services, including accommodation, leisure programme and travel services, that can make up language study programmes.

The official standard can be obtained at www.beuth.de.

2 The most important terms and definitions

The following terms and definitions apply:

2.1 Accommodation

2.1.1 home stay

accommodation within a private home with meal plan, as contracted, for participants on a language study programme

2.1.2 residential stay

accommodation within premises such as college, campus, residence, with meal plan, as contracted, for participants on a language study programme

2.1.3 stay in other types of accommodation

accommodation within premises such as hotel, apartment, flat, studios, with meal plan, as contracted, for participants on a language study programme

2.2 language study tour provider

legal entity such as a school, a tour operator or an agent which is contracted by a client to provide language study programmes, which may include other related services

NOTE   The language study tour provider as the main contractor is also responsible for services provided by subcontractors.

Hauptverantwortlicher Gruppenleiter
Senior group leader

2.3 Teilnehmer

Person, die die Dienstleistung/en des Anbieters von Sprachreisen nutzt

2.4 Kunde

Person oder juristische Person, die den Dienstleistungsvertrag mit dem Anbieter von Sprachreisen abschließt

2.5 Minderjähriger

Teilnehmer unter 18 Jahren

2.6 Gruppe

Anzahl von Teilnehmern, die sich zusammen an einem festgelegten Programm spezieller, gebuchter Vereinbarungen beteiligen

2.7 Gruppenleiter

Person, die (z. B. im Fall von Minderjährigen) damit beauftragt ist, eine Gruppe während bestimmter vertraglich vereinbarter Dienstleistungen zu unterstützen und zu beaufsichtigen

2.8 Hauptverantwortlicher Gruppenleiter

hauptverantwortliche Person für die Anleitung und Koordination der Gruppenleiter

2.9 Essensplan

Vereinbarung laut Vertrag über die Teilnehmerverpflegung während seines Aufenthalts

2.10 Preis

Summe, die der Kunde für alle im Vertrag enthaltenen Dienstleistungen zu zahlen hat

2.11 Kurs

Abfolge strukturierter Lernaktivitäten, die speziell darauf abgestimmt sind, die Kompetenz des Teilnehmers in der Zielsprache zu erweitern

2.3 participant

person who uses the service(s) of the language study tour provider

2.4 client

person or entity who contracts services from the language study tour provider

2.5 minor

participant under the age of 18

2.6 group

number of participants who set out together on a given programme of specifically booked arrangements

2.7 group leader

person assigned to assist and supervise a group (e.g. in the case of minors) during specified contracted services

2.8 senior group leader

person responsible for coordinating and managing the tasks of the group leaders

2.9 meal plan

arrangement as contracted for food for the participant during his/her stay

2.10 price

amount which the client has to pay for all the services included in the contract

2.11 course

series of structured learning activities specifically arranged to develop the participant's competence in the target language

Allgemeine Informationen vor Vertragsabschluss
General pre-booking information

2.12 Freizeitprogramm

Abfolge bestimmter Freizeitaktivitäten, wie vertraglich für den Teilnehmer vereinbart

2.13 Klassenraum

Unterrichtsraum, in dem direkter Sprachunterricht stattfindet

3 Informationsbereitstellung

3.1 Allgemein

Alle Informationen müssen so bereitgestellt werden, dass sie klar, verständlich, wahrheitsgetreu und lesbar sind; wobei besondere Bedürfnisse der möglichen Teilnehmer und Kunden in Betracht zu ziehen sind.

Für alle angebotenen Dienstleistungen müssen die Informationen vor Vertragsabschluss schriftlich gegeben werden.

3.2 Welche Informationen müssen vor Vertragsabschluss gegeben werden?

3.2.1 Allgemeine Informationen vor Vertragsabschluss

Die folgenden allgemeinen Informationen müssen vor Vertragsabschluss gegeben werden:

a) der Name und die Kontaktdetails des Anbieters von Sprachreisen;

b) die Reisedaten, -ziele und die Eigenschaften und die Art der genutzten Transportmittel;

c) eine Aussage dazu, dass Gepflogenheiten von Land zu Land oder von Gastgeber zu Gastgeber variieren können;

d) der Vertragspreis und was er umfasst und eine Angabe über mögliche zusätzliche Kosten;

e) die verwendeten Auswahlkriterien für die Lehrer (einschließlich deren Kompetenz in der Zielsprache, Qualifikation und Erfahrungen) und ob Lehrer aus dem Heimatland des Teilnehmers stammen;

f) die verwendeten Auswahlkriterien für Gruppenleiter;

g) eine Aussage, dass auf Anfrage Informationen darüber gegeben werden können, welche Sprachen (im Bedarfsfall) am Kursort durch die Mitarbeiter des Anbieters von Sprachreisen gesprochen werden;

2.12 leisure programme

series of leisure activities specifically arranged, as contracted, for the participants

2.13 classroom

room where face-to-face language teaching takes place

3 Provision of information

3.1 General

All information shall be provided in a manner which is clear, transparent, true, legible and readable, taking into account the special needs of the potential participants and clients in question.

For each of the services offered the pre-booking information shall be in written form.

3.2 Which pre-booking information is to be provided?

3.2.1 General pre-booking information

The following general pre-booking information shall be provided:

a) name and contact details of the language study tour provider;

b) travel dates, destination, and the means, characteristics and categories of transport used;

c) statement that customs can vary from country to country or from host to host;

d) contract price and what is covered by it and an indication of additional optional costs;

e) criteria used for the selection of teachers (including qualifications, experience and competence in the target language) and whether any of the teachers will be from the participants' home country;

f) criteria used for the selection of group leaders;

g) statement that information is available on request about which languages are spoken (in case of need) at the course venue by the language study tour provider staff;

h) entweder die Geldsumme oder der Prozentteil des Preises, der als Anzahlung zu leisten ist, und der Zeitplan für die Restzahlung;

i) Gebühren und/oder Bedingungen für die Rückerstattung von Vorabzahlungen im Fall der Stornierung durch den Teilnehmer oder den Anbieter;

j) Bedingungen, unter welchen ein Teilnehmer den Kurs verlassen muss, die finanziellen Vereinbarungen in solch einem Fall und, besonders im Hinblick auf Minderjährige, Maßnahmen für die Rückreise, falls notwendig.

3.2.2 Betreuung von Minderjährigen

Die folgenden Informationen bezüglich der Betreuung von Minderjährigen müssen vor Vertragsabschluss abgegeben werden:

a) ob und in welcher Art die Reise begleitet wird;

b) das Zahlenverhältnis von Gruppenleitern zu Minderjährigen während der Reise;

c) die Verfahrensweise hinsichtlich der Beaufsichtigung von Minderjährigen (z. B. das minimale Zahlenverhältnis von Aufsichtspersonen zu Minderjährigen).

3.2.3 Rechtliche Dokumentation und Informationsbereitstellung

Die folgenden Informationen müssen bereitgestellt werden:

a) allgemeine Pass-, Visa- oder Gesundheitsanforderungen;

b) die Geschäftsbedingungen und ob Insolvenz abgedeckt ist;

c) die Maßnahmen für Kunden- und Teilnehmerzufriedenheit und Vorgehensweise bei Beschwerden;

d) die Versicherungsmöglichkeiten für den Teilnehmer und eine Übersicht des Versicherungsschutzes des Anbieters von Sprachreisen, wobei weitere Informationen auf Anfrage verfügbar sein müssen.

3.2.4 Auflistung besonderer Anforderungen

Der Anbieter von Sprachreisen muss zum Zeitpunkt der Buchung sicherstellen, dass ein durch den Teilnehmer oder den juristischen Vertreter eines Minderjährigen zu unterschreibendes Formular verteilt wird, das folgende Auflistung anfordert:

- Gesundheitsmaßnahmen oder Medikamente, die der Teilnehmer braucht;

- diätetische Maßgaben oder Allergien des Teilnehmers oder andere medizinische Bedingungen (psychischer und physischer Art), die die Programmteilnahme beeinflussen können.

h) either the monetary amount or the percentage of the price which is to be paid as a deposit and the timetable for payment of the balance;

i) in the case of cancellation by the participant or provider, charges and/or conditions governing the refund of fees paid in advance;

j) conditions under which a participant may be asked to leave the course, the financial arrangements in such a case, and procedures for repatriation where appropriate, particularly with regard to minors.

3.2.2 Care of minors

The following pre-booking information regarding care of minors shall be provided:

a) whether or not and in what manner the travel is accompanied;

b) ratio of group leaders to minors during travel;

c) policy regarding supervision of minors (e.g. the minimum supervision ratio).

3.2.3 Legal documentation and information

The following information shall be provided:

a) general passport, visa and health requirements;

b) terms and conditions of booking and whether insolvency is covered;

c) client and participant satisfaction and complaint procedure;

d) information about insurance options available to the participant and an outline of the language study tour provider's insurance cover, with further information available on request.

3.2.4 Declaration of special requirements

The language study tour provider shall ensure at the time of booking that a form is supplied stipulating signature by the participant or by the legal representative of a minor to the language study tour provider and requiring the listing of:

– any healthcare or medication needed by the participant;

– any dietary restraints, allergies affecting the participant or any other medical condition (mental and physical disabilities) that may affect acceptance and participation in the program.

Kursdetails
Course details

3.2.5 Unterbringung

Die folgenden Informationen bezüglich der Unterbringung müssen vor Vertragsabschluss gegeben werden:

a) die Art der Unterbringung, ob Einzel- oder Mehrfachbelegung, die Lage, die Verfügbarkeit von Telefon, die Verfügbarkeit (oder nicht) von Waschmaschinen, die Hauptmerkmale der Unterbringung und – wo anwendbar – ihre Tourismusklassifizierung nach den Regeln des betreffenden Gastlandes;

b) die maximale Altersdifferenz derjenigen Minderjährigen, die ein Schlafzimmer teilen;

c) der Essensplan.

3.2.6 Kursdetails

Die folgenden Informationen bezüglich der Kursdetails müssen vor Vertragsabschluss gegeben werden:

a) die Spezifizierung der verschiedenen angebotenen Sprachstudienprogramme;

b) die angebotenen Kursdaten, die Dauer des Sprachstudienprogramms (in Wochen oder Tagen), die Anzahl der Lektionen je Woche, deren zeitlicher Ablauf und deren Dauer (in Minuten), sowie Informationen über die Feiertage, an welchen kein Unterricht stattfindet;

c) weitere Lernmöglichkeiten (falls angeboten) wie Multimediaräume oder Bibliotheken;

d) ob die Gruppen typischerweise mehrsprachig oder einsprachig sind, die maximale Klassengröße und die Altersspanne der Teilnehmer;

e) die Mindestsprachkenntnisse für jeden Kurs und ob ein Kurs für Anfänger vorgesehen ist;

f) die Einstufungsmaßnahmen und welche Teilnahmezertifikate und Berichte gegebenenfalls zum Ende des Kurses gegeben werden;

g) die Art der Aktivitäten, die im Freizeitprogramm enthalten sind, die zur Teilnahme notwendigen Fähigkeiten und die notwendige Ausrüstung und ob medizinische Einschränkungen bestehen;

h) ob optionale Freizeitaktivitäten angeboten werden und deren ungefähre Preise;

i) ob eine Mindestteilnehmerzahl für das Zustandekommen des Kurses Voraussetzung ist und, falls ja, den Zeitpunkt, zu dem die Teilnehmer über eine Absage informiert werden;

3.2.5 Accommodation

The following pre-booking information regarding accommodation shall be provided:

a) type of accommodation, shared or single occupancy, the location, the availability of a telephone, the availability or otherwise of laundry facilities, the main features of the accommodation and, where appropriate, its tourist classification under the rules of the host country concerned;

b) maximum age range of minors who are sharing a bedroom;

c) meal plan.

3.2.6 Course details

The following pre-booking information regarding course details shall be provided:

a) specification of the different language study programmes provided;

b) course dates offered, the duration of language study programmes (in weeks or days), and the number of lessons per week, their timing and length (in minutes), including information about public holidays when no teaching occurs;

c) where applicable, other learning opportunities, such as multimedia centre or library

d) whether groups are typically multilingual or monolingual, the maximum class size, and the age range of participants;

e) minimum level of language skills required for each course and whether a course is intended for beginners;

f) class placement procedures and what, if any, attendance certificates and reports are given at the end of the course;

g) kind of activities included in the leisure programme, level of competence and special equipment required, and whether any medical restrictions apply;

h) any optional leisure activities available, and approximate prices;

i) whether a minimum number of participants is required for the course to take place and, if so, the deadline for informing the participant in the event of cancellation;

j) was getan werden muss, falls eine der vertraglich gebuchten Sprachstudiendienstleistungen bei Ankunft nicht verfügbar ist.

3.3 Welche Informationen sind vor Abfahrt zu geben?

Folgende Informationen müssen spätestens eine Woche vor Reisebeginn bereitgestellt werden, außer in Fällen, in denen unvorhersehbare Umstände oder späte Buchungen die Bereitstellung dieser Informationen verhindern:

- der Name, die Adresse und die Telefonnummer des Anbieters von Sprachreisen oder seines Vertreters am Zielort;
- Einzelheiten über den Reiseablauf, einschließlich Reise- und Transfervereinbarungen vor Ort;
- Einzelheiten über die Unterbringung einschließlich ungefährer Dauer der Anfahrt zum Unterrichtsort;
- Einzelheiten der Regelungen für den ersten Schultag;
- maßgebliche Regeln und Bestimmungen des Gastgeberlandes sowie des Anbieters von Sprachreisen.
- Einzelheiten über gebuchte Freizeitaktivitäten;
- ein Kontaktname und eine Notfallnummer für die Dauer des Aufenthalts und die Zeiten zu denen diese Nummer erreichbar ist;
- praktische Informationen und Ratschläge über das Leben in dem Gastgeberland und über dessen Kultur.

ANMERKUNG Späte Buchungen erfolgen sechs Wochen oder weniger vor Kursbeginn.

3.4 Welche Informationen sind bei der Ankunft zu geben?

Angemessene Maßnahmen müssen ergriffen werden, um sicherzustellen, dass sämtliche Teilnehmer über alle Kursaspekte Informationen erhalten. Insbesondere müssen alle Teilnehmer die Einzelheiten über Unterricht, Exkursionen und andere Aktivitäten erhalten.

j) arrangements to be made if any of the language study services previously contracted are not available upon arrival.

3.3   Which pre-departure information is to be given?

The following information shall be provided not later than one week before the start of the journey, except where unforeseen circumstances or late enrolments prevent the provision of such information:

- name, address and telephone number of the language study tour provider or its representative at the destination;
- details of the travel schedule including in-country travel/ transfer arrangements;
- details of the accommodation including approximate travel time to place of study;
- details of arrangements for the first day at school;
- relevant rules and regulations of the host country and of the language study tour provider;
- details of the leisure activities contracted;
- contact name and emergency number to be used during the stay and the time during which that number is available;
- practical information and advice about living in the host country and about its culture.

NOTE   Late enrolments occur within six weeks or less prior to the commencement of the course.

3.4   Which on-arrival information is to be given?

Procedures shall be in place to ensure that all participants are given information about all aspects of the course. In particular details of tuition, excursions and other activities shall be made available to all participants.

Wie ist der Unterricht zu organisieren?
How is tuition to be organized?

4 Dienstleistungen des Sprachreiseanbieters

4.1 Welche Anforderungen gelten für das Management und das Personal?

Der Anbieter von Sprachreisen muss qualifiziertes Management und qualifizierte Angestellte haben, um sicherzustellen, dass die Ziele des Sprachstudienprogramms erreicht werden. Er muss überwachen:

- die Wirksamkeit und Effizienz des Unterrichtes;
- die Unterbringung;
- die Leistungen des Freizeitprogramms und der Betreuung und damit verknüpfter Dienstleistungen.

Der Anbieter von Sprachreisen muss sicherstellen, dass alle Minderjährigen an den Pflichtstunden teilnehmen.

4.2 Wie ist der Unterricht zu organisieren?

4.2.1 Lehrplan

4.2.1.1 Einstufungsmaßnahmen

Ein auf die Kursinhalte ausgerichteter Niveaueinstufungstest muss durchgeführt werden, um den Teilnehmer in die seinem Niveau entsprechende Klasse und Niveaustufe einzuteilen.

4.2.1.2 Kursinhalte

Die Zielsetzung des Kurses und seiner Bestandteile (z. B. gesprochene Kommunikation, Grammatik, kulturelle Themen) muss den Teilnehmern klar erklärt werden.

Kurspläne müssen eine zusammenhängende Abfolge zielgerichteter Aktivitäten abdecken.

4.2.1.3 Vielfalt an Lernaktivitäten

Eine Vielfalt verschiedener Arten von Lektionen und Aktivitäten muss angeboten werden, so dass die Verbesserung praktischer Sprachfähigkeiten und zugrundeliegenden Sprachwissens gefördert wird.

4.2.2 Unterricht

4.2.2.1 Planung und Dokumentation

Lektionen und Lektionsfolgen müssen geplant sein. Dokumentationen über die Klassen müssen erstellt werden und Anwesenheit, Lektionsinhalte und Angaben über verwendete Materialien umfassen.

4 Services of the language study tour provider

4.1 What are the requirements for management and staff?

The language study tour provider shall put in place management and staff qualified to ensure that the aims of language study programmes are achieved and to monitor

- efficiency and effectiveness of teaching;
- accommodation;
- leisure and welfare provision and other related services;

and to ensure that all minors attend the compulsory lessons.

4.2 How is tuition to be organized?

4.2.1 Curriculum

4.2.1.1 Placement procedure

An assessment procedure relevant to the course content shall be used to assign participants to appropriate levels and classes.

4.2.1.2 Course content

The focus of the course and its components (e.g. spoken communication, grammar, cultural topics) shall be explained clearly to the participants.

Course plans shall cover a coherent sequence of purposeful activities.

4.2.1.3 Variety of learning activities

A variety of lesson and activity types shall be used in order to promote improvement in practical language skills and underlying language knowledge.

4.2.2 Teaching

4.2.2.1 Planning and record-keeping

Lessons and sequences of lessons shall be planned. Class records shall be kept, detailing attendance, content covered in lessons and the material used.

4.2.2.2 Schaffung eines positiven Lernumfelds

Anbieter von Sprachreisen müssen Maßnahmen ergreifen, um ein positives Lernumfeld zu schaffen, so dass das Interesse, die Anwesenheit und die Pünktlichkeit des Teilnehmer aufrechterhalten bleiben.

4.2.2.3 Unterrichtsdurchführung

Die Lehrer müssen die Interaktion im Klassenraum positiv gestalten und ein harmonisches Arbeitsverhältnis zur Klasse aufrechterhalten. Die Lehrer müssen bewusst die Reaktionen der Teilnehmer überwachen, überprüfen, dass sie die Aufmerksamkeit der Klasse haben, individuelle Schwierigkeiten bemerken und die Lektionen dementsprechend anpassen.

4.2.2.4 Erweitertes Lernen

Die Lehrer müssen, z. B. durch Freizeitaktivitäten, Hausaufgaben, Selbststudienmöglichkeiten oder individuelle Beachtung, den Teilnehmern die Möglichkeit geben, Gelerntes auf andere Situationen zu erweitern und zu übertragen.

4.2.2.5 Teilnehmerberatung

Der Anbieter von Sprachreisen muss sicherstellen, dass Teilnehmer, die Probleme mit dem Studienprogramm haben, bei benannten Mitarbeitern am Ort Rat suchen können.

4.2.2.6 Überprüfung, Analyse und Verbesserungsmaßnahmen

Die Eignung der Lernaktivitäten und der Interaktion im Klassenraum und in der Umgebung müssen regelmäßig überprüft werden, um sicherzustellen, dass der Kurs wie gebucht durchgeführt wird. Verbesserungsmaßnahmen müssen ergriffen werden, sobald die Analyse der Überprüfungsergebnisse die Notwendigkeit dazu aufzeigt.

4.2.3 Räumlichkeiten

4.2.3.1 Klassenräume

Klassenräume müssen von angemessener Form und Größe (je nach Sitzstil mit Stühlen und Tischen oder mit Stühlen mit Klappe) für den Anwendungszweck sein. Sie müssen angemessen eingerichtet sein, eine Tafel- oder andere Anzeigesysteme haben, die notwendige Bequemlichkeit und angemessene Sichtverhältnisse bieten. Klassenräume müssen ausreichende Beleuchtung und Belüftung, niedrige Hintergrundgeräuschpegel sowie eine angemessene Temperatur haben.

4.2.2.2 Establishing a positive learning environment

language study tour providers shall take steps to create a positive learning environment and to maintain participants' interest, attendance and punctuality.

4.2.2.3 Managing lessons

Teachers shall manage classroom interaction positively and maintain rapport with their class. Teachers shall consciously monitor learners' reactions, checking that they have the class's attention, noting individual difficulties, and adapting lesson as appropriate.

4.2.2.4 Extending learning

Teachers shall provide opportunities, e.g. through leisure activities, homework, self-study or individual attention, for participants to extend and transfer to other situations what they are learning.

4.2.2.5 Participant counselling

The language study tour provider shall ensure that participants who are having problems with the study programme can seek advice from designated members of staff.

4.2.2.6 Monitoring, analysis and remedial action

The suitability of the learning activities, environment and classroom interaction shall be monitored to ensure that the course contracted is being delivered. Remedial action shall be taken when analysis of the results of monitoring indicate the necessity to do so.

4.2.3 Premises

4.2.3.1 Classrooms

Classrooms shall be of an appropriate shape and size for the purpose depending on the seating style (e.g. chairs and tables, or chairs with a folding flap) with adequate furnishings, including a white/blackboard or other display system, providing adequate comfort and visibility. Classrooms shall have adequate light and ventilation, low background noise levels, and shall be maintained at a reasonable temperature.

Fähigkeiten in der Zielsprache und Landeskultur
Competence in target language and culture

4.2.3.2 Gemeinschaftsräume

Teilnehmer und Lehrpersonal müssen einen oder mehrere Gemeinschaftsräume für die Pausen und Zugang zu Toiletten haben.

Wasser und/oder andere Getränke müssen leicht zu erhalten sein.

4.2.4 Lehrpersonal

4.2.4.1 Qualifikationen des Lehrpersonals

Der Anbieter von Sprachreisen muss ausschließlich erwachsene Lehrer einstellen, die auf eine der folgenden Arten qualifiziert sind:

- sie sind ausgebildet, um die Zielsprache im Ausbildungssystem im Land des Lehrers zu unterrichten;
- sie haben ein Zertifikat erworben, das aufzeigt, dass sie erfolgreich einen Ausbildungskurs absolviert haben, der sie befähigt die Zielsprache zu unterrichten (z. B. TEFL Zertifikat in GB oder Malta) und nicht weniger als 60 Kursstunden umfasst hat;
- sie haben eine Universitätsausbildung in der Zielsprache abgeschlossen.

Der Anbieter von Sprachreisen muss bis wenigstens ein Jahr nach Beendigung der Tätigkeit des Lehrers einen vollständigen Lebenslauf des Lehrers und dokumentierte Ergebnisse des Einstellungsgesprächs in den Akten halten.

4.2.4.2 Fähigkeiten in der Zielsprache und Landeskultur

Im Land des Kurses eingestellte Lehrer müssen in der Zielsprache über die einem Muttersprachler entsprechenden Fähigkeiten verfügen und das notwendige Kulturwissen besitzen, um befähigt zu sein, die Kursziele zu erreichen. Diese Lehrer müssen gemäß den Kurszielen in der Lage sein, das linguistische System der Zielsprache darzustellen.

Sofern in den Informationen vor Vertragsabschluss aufgeführt ist, dass Lehrer aus den Heimatländern der Teilnehmer eingestellt werden, müssen diese Lehrer die notwendigen Fähigkeiten und das notwendige Wissen in der Zielsprache sowie das notwendige Wissen über die Kultur des Ziellandes haben, um befähigt zu sein, die Kursziele zu erfüllen.

4.2.3.2 Common areas

Participants and teaching staff shall have one or more communal area(s) to use during breaks and access to toilets.

Water and/or beverages shall be easily accessible.

4.2.4 Teaching staff

4.2.4.1 Teaching staff qualifications

The language study tour provider shall recruit only adult teachers who are qualified in one of the following ways:

− they are qualified to teach the target language within the education system of the teacher's country;
− they possess a certificate indicating that they have successfully completed a training course enabling them to teach the target language (e.g. TEFL Certificate in UK or Malta) comprising no fewer than 60 course hours;
− they have completed a university qualification in the target language.

The language study tour provider shall keep a complete profile of the teachers and interview results on file for at least a year from the date of the end of the teacher's employment.

4.2.4.2 Competence in target language and culture

Teachers recruited from the country where the course is located shall have competence in the target language equivalent to that of a native speaker, and the required knowledge of the culture to enable them to fulfil the aims of the course. These teachers shall be able to model the linguistic systems of the target language accurately, in accordance with the aims of the course.

If it is specified in the pre-booking information that teachers are recruited from the participants' country of origin, these teachers shall have the necessary competence in and knowledge of the target language, and the required knowledge of the culture of the country where the course is located to enable them to fulfil the aims of the course.

Unterstützung von Minderjährigen
Assistance for minors

4.2.4.3 Berufliches Verhalten

Der Anbieter von Sprachreisen muss sicherstellen, dass die Lehrer die Lektionen zuverlässig und pünktlich erbringen und dass sich ihr Verhältnis zu den Teilnehmern durch standesgemäßes Benehmen auszeichnet.

4.2.4.4 Schulung und Einführung

Der Anbieter von Sprachreisen muss sicherstellen, dass die Lehrer eine ausreichende Einführung erhalten; dies schließt Anweisungen über die Verwendung von Unterrichtsmitteln im Klassenraum ein. Unterweisung und Unterstützung muss allen Lehrern angeboten werden.

4.3 Welche Anforderungen gelten für die Unterbringung?

4.3.1 Unterstützung von Minderjährigen

Minderjährigen muss Unterstützung gegeben werden bezüglich der Fahrten zwischen ihrer Unterbringung und ihrem Unterrichtsort.

ANMERKUNG   Beispiele für solche Unterstützung sind Informationen über die Fahrpläne oder Minderjährige am ersten Schultag zum Unterrichtsort zu bringen.

4.3.2 Allgemeine Anforderungen

4.3.2.1 Schlafräume

Jedem Teilnehmer muss ein Einzelbett mit Bettzeug zur Verfügung gestellt werden.

Wenn dies nicht in den Informationen vor Vertragsabschluss deutlich anders angegeben wurde oder ausdrücklich von dem Teilnehmer verlangt bzw. mit ihm abgestimmt wurde, muss der Schlafraum des Teilnehmers ein Einzelzimmer sein oder ein Zimmer, das er mit Personen gleichen Geschlechts und anderer Muttersprache und, im Falle von Minderjährigen, mit Personen mit einem Altersunterschied von maximal drei Jahren teilt.

Im Schlafraum muss abhängig von der Anzahl der Bewohner ausreichend Wohnfläche sein.

Der Schlafraum muss ausreichende Lesebeleuchtung, Belüftung und Heizung haben sowie ein Fenster, das geöffnet werden kann, und eine Tür, die geschlossen werden kann.

Im Schlafraum muss es Aufbewahrungsraum, wie Kleiderschrank oder Kommode, für Kleidung und Besitz des Teilnehmers geben.

4.2.4.3 Professional conduct

The language study tour provider shall ensure that teachers deliver lessons reliably, attend punctually and are professional in their conduct with participants.

4.2.4.4 Training and induction

The language study tour provider shall ensure that teachers receive adequate induction, including instruction in how to use classroom equipment. Guidance and support shall be offered to all teachers.

4.3 Which requirements are there regarding accommodation?

4.3.1 Assistance for minors

Minors shall be given assistance with travel between their accommodation and their place of study.

NOTE Examples of assistance in this case can include information on the transport schedule or bringing minors to the course venue on the first day.

4.3.2 General requirements

4.3.2.1 Bedrooms

Every participant shall be provided with one single bed and bedding.

Unless clearly indicated in the pre-booking information and/or specifically requested or agreed to by the client, the participant's bedroom shall be a single bedroom or a bedroom to be shared with persons of the same sex and of different mother tongue and, in the case of minors, within an age range of three years.

There shall be adequate living space in the bedroom according to the number of occupants.

The bedroom shall have sufficient lighting for reading purposes, ventilation and heating and a window that can be opened and a door that can be closed.

There shall be storage space in the bedroom for the participant's clothes and belongings, such as a wardrobe or chest of drawers.

Badezimmer
Bathroom facilities

Im Fall von Aufenthalten von über einer Woche, muss die Bettwäsche einmal wöchentlich gewechselt werden. Wo diese zur Verfügung gestellt werden, müssen die Handtücher des Teilnehmers wenigstens einmal je Woche gewechselt werden.

4.3.2.2 Küche

Wenn dies Vertragsbestandteil ist, müssen die Teilnehmer Zugang zu einer Küche haben.

Eine Küche muss zumindest bestehen aus:

- einem Esstisch und einem Stuhl pro Teilnehmer, wenn nicht Tisch und Stühle in einem separaten Esszimmer vorhanden sind;
- einem Kühlschrank;
- einer Spüle mit heißem und kaltem Wasser;
- einem Herd oder Herdplatten;
- Kochgeschirr wie Töpfe und Pfannen, Schneidemaschine, Kelle, Schneidebrett, Küchenmesser und Dosenöffner (mindestens einer je Haushalt);
- Teller, Besteck, Gläser und Tassen (mindestens ein Satz pro Teilnehmer).

4.3.2.3 Badezimmer

Der Teilnehmer muss Zugang zu einem Badezimmer haben.

Ein Badezimmer muss zumindest bestehen aus:

- einer Toilette;
- einem Waschbecken mit heißem und kaltem Wasser;
- einer Dusche oder Badewanne mit heißem und kaltem Wasser.

4.3.2.4 Sonstige Anforderungen

Der Teilnehmer muss Zugang haben zu einem Stuhl und einem Tisch, der zum Schreiben geeignet ist und ausreichende Beleuchtung hat.

Der Teilnehmer muss Zugang zu einer Waschmaschine haben. Für Minderjährige darf dies nicht mit Zusatzkosten verbunden sein.

Der Teilnehmer muss Zugang zu einem Telefon haben.

In the case of stays lasting over a week bed linen shall be changed once a week. Where provided, the participant's towel shall be changed at least once a week.

4.3.2.2 Kitchen facilities

Where part of the contractual service the participant shall have access to kitchen facilities.

A kitchen shall consist of at least:

- dining-table and one chair per participant, if there is not a table and chairs in a separate dining-room;
- refrigerator;
- sink with hot and cold water;
- cooker or hotplate;
- cooking utensils, such as pots and pans, slice, ladle, cutting board, kitchen knife and tin-opener (minimum one per household);
- plates, set of knives, forks and spoons, tumblers and cups (minimum one set per participant).

4.3.2.3 Bathroom facilities

The participant shall have access to bathroom facilities.

A bathroom shall consist of at least:

- toilet;
- washbasin with hot and cold water;
- shower or bathtub with hot and cold water.

4.3.2.4 Other requirements

The participant shall have access to a chair and a table suitable for writing with sufficient lightning.

The participant shall have access to laundry arrangements, which in the case of minors shall be at no additional cost.

A telephone shall be accessible to the participant.

Auswahlkriterien
Selection criteria

4.3.3 Unterbringung in einer Privatunterkunft

4.3.3.1 Allgemeines

Der Anbieter von Sprachreisen muss sicherstellen, dass den Gastgebern alle notwendigen Informationen über ihre Verpflichtungen und Verantwortung während des Aufenthalts gegeben werden.

Der Anbieter von Sprachreisen muss sicherstellen, dass die Gastgeber diese Informationen erhalten haben und dass sie einverstanden sind, die enthaltenen Vereinbarungen zu erfüllen.

Der Anbieter von Sprachreisen muss den Gastgeber informieren, dass er in loco parentis („an Stelle der Eltern/der Erziehungsberechtigten") agieren muss, wenn er minderjährige Teilnehmer unter seiner Obhut hat.

Der Anbieter von Sprachreisen muss sicherstellen, dass alle zwei Jahre Besuche in der Privatunterkunft durchgeführt werden, um die vereinbarte Dienstleistungsqualität zu überprüfen.

4.3.3.2 Auswahlkriterien

Der Anbieter von Sprachreisen muss sicherstellen, dass die Privatunterkunft an Hand der folgenden Kriterien ausgewählt wird.

Die Auswahl der Privatunterkunft muss auf einem Besuch in der Wohnstätte des Gastgebers und auf einem Formular basieren, das wenigstens die folgenden Informationen anfordert:

- erwachsene Personen, die im Haushalt leben, deren Namen, Altersklasse, Beruf und Beziehung zueinander;
- Kinder, wenn vorhanden, und ihr Geburtsjahr und Geschlecht;
- Haustiere, wenn vorhanden, und welche;
- ob Raucherhaushalt;
- ob eine im Haushalt lebende Person eine schwere Krankheit, Behinderung oder psychische Probleme hat;
- ob ein Haushaltsmitglied wegen eines Kapitalverbrechens verurteilt wurde.

Der Anbieter von Sprachreisen muss sicherstellen, dass die relevanten Informationen wenigstens jährlich aktualisiert werden.

Dieses Formular muss vom Anbieter der Privatunterkunft unterschrieben sein und wenigstens für ein Jahr archiviert werden.

Im Falle einer Beschwerde des Teilnehmers, muss der Anbieter von Sprachreisen die Privatunterkunft erneut besuchen und die Einhaltung der vereinbarten Dienstleistungsqualität überprüfen.

4.3.3 Homestay accommodation
4.3.3.1 General

The language study tour provider shall ensure that the homestay host is given all necessary information about their obligations and responsibilities during the stay.

The language study tour provider shall ensure that the homestay hosts have received the information, and that they agree to comply with the provisions contained within it.

The language study tour provider shall inform the homestay hosts that they shall act in loco parentis, when a minor participant is under their care.

The language study tour provider shall ensure that visits to the home stay accommodation are carried out every two years in order to verify agreed levels of service.

4.3.3.2 Selection criteria

The language study tour provider shall ensure that the homestay accommodation is selected in accordance with the following criteria.

The selection of the homestay accommodation shall be made on the basis of an on-site visit at the host's place of residence and of a form that shall request at least the following information:

- adults living in the household, their names, age range, occupations and relationships;
- children, if any, and their year of birth and gender;
- pets, if any, and what kind;
- smoking policy;
- if any person living in the household has a serious illness, disability or nervous disorder;
- if any member of the household has been convicted of a serious crime.

The language study tour provider shall ensure that this information is updated at least every year.

The form shall be signed by the provider of the homestay accommodation and kept on file for at least one year.

In case of a complaint by a participant, the language study tour provider shall revisit the homestay accommodation in order to verify agreed level of services.

Bereitstellung der Privatunterkunft
Homestay provision

4.3.3.3 Bereitstellung der Privatunterkunft

Der Schlafraum des Teilnehmers muss in der Wohnstätte des Gastgebers liegen, d. h. innerhalb des Hauses oder der Wohnung. Die maximale Personenanzahl je Schlafraum muss klar angegeben werden und darf 3 Personen in einem Schlafraum von angemessener Größe nicht überschreiten.

Im Vertrag muss aufgeführt werden, welche Verpflegung während des Aufenthalts geboten wird.

Der Anbieter von Sprachreisen muss den Gastgeber dazu anhalten, dem Teilnehmer die Möglichkeit zu geben, sich in das tägliche Leben zu integrieren, z. B. durch

- gemeinsame Mahlzeiten;
- Teilhaben im gesellschaftlichen Leben;
- Ermunterung die studierte Sprache so viel wie möglich zu nutzen;
- Ermunterung zu gegenseitigem kulturellen Verständnis.

Der Anbieter von Sprachreisen muss Gastgeber auswählen, welche:

- in Anwesenheit des Teilnehmers die Zielsprache sprechen;
- eventuelle Gesundheitsprobleme dem Anbieter von Sprachreisen mitteilen.

Wenn es nicht deutlich anders in den Informationen vor Vertragsabschluss angegeben ist und/oder schriftlich durch den Kunden bestätigt wurde, darf die Privatunterkunft nicht mehr als vier Teilnehmer aufnehmen.

Wenn es nicht deutlich anders in den Informationen vor Vertragsabschluss angegeben ist, muss der Anbieter von Sprachreisen sicherstellen, dass der Teilnehmer der einzige Sprecher seiner Muttersprache in dieser Unterkunft ist.

4.3.4 Unterbringung in einer Residenz

Der Anbieter von Sprachreisen muss die Unterbringung in Übereinstimmung mit den folgenden Kriterien anbieten:

- im Fall von Minderjährigen 1 Gruppenleiter für 15 Minderjährige;
- Räume und Einrichtungen für Freizeitaktivitäten;
- Einrichtungen für die sichere Aufbewahrung von Wertsachen;
- ein Badezimmer für 15 Teilnehmer;
- ausreichende Möglichkeiten zur Einnahme der gebuchten Mahlzeiten.

4.3.3.3 Homestay provision

The participant's bedroom shall be in the house or apartment occupied by the host. The maximum number of persons per room shall be clearly indicated and be limited to three in a bedroom of adequate size.

The contract shall specify which meal(s) shall be provided during the stay.

The language study tour provider shall urge the host to enable the participant to integrate in their daily life, e.g.

- by sharing meals;
- by participating in social life;
- by encouraging as much as possible the use of the language being studied;
- by encouraging mutual cultural respect.

The language study tour provider shall select homestay hosts who:

- speak the language being studied by the participant in his/her presence;
- in case of health problems report these to the language study tour provider.

Unless clearly indicated in the pre-booking information and/or agreed in writing by the client, the homestay shall accommodate no more than four participants.

Unless otherwise clearly indicated in the pre-booking information the language study tour provider shall make sure the participant will be the only native speaker of his/her mother tongue within that accommodation.

4.3.4 Residential accommodation

The language study tour provider shall provide accommodation according to the following criteria:

- in the case of minors, 1 group leader for 15 minors;
- rooms and facilities for leisure activities;
- facility for secure storage of valuables;
- bathroom for 15 participants;
- suitable arrangements for meals as contracted.

Der Anbieter von Sprachreisen muss sicherstellen, dass die Unterkunft vor der Ankunft neuer Teilnehmer gereinigt wird.

Ein Notfalltelefon und eine Kontaktnummer für den Anbieter von Sprachreisen müssen rund um die Uhr zur Verfügung stehen. Minderjährige müssen rund um die Uhr beaufsichtigt werden.

4.3.5 Über den Anbieter von Sprachreisen gebuchte Selbstversorger-Apartments

Selbstversorger-Apartments oder Wohnungen können mit einem Einzelteilnehmer oder von mehreren Teilnehmern belegt werden. Wenn die Unterkunft geteilt wird, darf die Anzahl 8 Teilnehmer nicht übersteigen.

Der Anbieter von Sprachreisen muss sicherstellen, dass das Apartment vor der Ankunft eines neuen Teilnehmers gereinigt wird und dass das Inventar vollständig ist.

Die maximale Anzahl von Personen je Schlafraum muss auf 2 in einem Schlafraum begrenzt sein.

Der Anbieter von Sprachreisen muss Bettzeug und Bettwäsche offerieren.

Ein Gemeinschaftsbereich sollte in dem Apartment für die Freizeit der Teilnehmer zur Verfügung stehen. Dieser Gemeinschaftsbereich kann entweder ein Ess- oder ein Wohnraum sein.

Dieser Gemeinschaftsbereich sollte zumindest umfassen:
- einen Tisch und einen Stuhl je Teilnehmer für die Mahlzeiten;
- ein Sofa für mindestens zwei Personen.

Wird ein Tisch bereit gestellt, muss dieser auch für Schreib- und Lernzwecke geeignet sein, wenn im Apartment sonst keine Schreibtische stehen.

Das Apartment oder die Wohnung muss außerdem Reinigungsgeräte einschließlich Besen, Mopp, Eimer, Wischlappen, Abwaschschwamm, Mülleimer haben.

Für Elektro- oder Gasgeräte müssen klare schriftliche Bedienungsanleitungen vorhanden sein.

4.4 Wie ist es mit Freizeit?

Wenn durch den Anbieter von Sprachreisen ein Freizeitprogramm angeboten wird, muss wenigstens ein Teil des Programms mit dem Sprachunterricht verknüpft sein.

The language study tour provider shall ensure that the residential accommodation is cleaned before arrival of new participants.

An emergency telephone and contact number for the language study tour provider shall be available round the clock. In the case of minors, supervision shall be provided round the clock.

4.3.5 Self catering apartments provided by the language study tour provider

A self-catering apartment or flat shall be used by an individual participant or shared by a number of participants. If the accommodation is shared, the number of participants shall not exceed eight.

The language study tour provider shall ensure that the apartment is cleaned before arrival of new participants and that the inventory is complete.

The maximum number of persons per bedroom shall be limited to two in a bedroom.

The language study tour provider shall offer bedding.

A common area should be available within the apartment for students to spend leisure time. This common area may either be a dining or living room.

The common area should have at least:

- table and one chair per participant for eating meals;
- one sofa that can accommodate at least two persons.

If a table is provided, it shall be usable for writing and studying purposes, if desks are not provided for this purpose inside the apartment.

The apartment or flat shall also have cleaning equipment, including a broom, mop, bucket, wiping cloths, dishwashing sponge, garbage can.

Clear written instructions shall be available for electric or gas appliances.

4.4 What about leisure?

Where a leisure programme is offered by the language study tour provider at least part of the programme shall be linked to the language tuition.

Welche Anforderungen gelten für Gruppenleiter?
Which requirements are there for group leaders?

4.5 Welche Anforderungen gelten für die Betreuung (einschließlich Sorge für Minderjährige)?

Der Anbieter von Sprachreisen muss sicherstellen, dass Maßnahmen getroffen werden, um Notfälle der Teilnehmer zu jeder Zeit während des Aufenthalts zu behandeln.

Der Anbieter von Sprachreisen muss sicherstellen, dass Subunternehmer alle notwendigen Informationen zu ihren Verpflichtungen erhalten, einschließlich solcher bezüglich der Gesundheit und Sicherheit der Teilnehmer.

Der Anbieter von Sprachreisen muss bei den gebuchten Dienstleistungen die Beaufsichtigung sicherstellen. Hierbei müssen das Alter, die Größe und die Zusammensetzung der Gruppe sowie die Art der Aktivität, das Risiko, die Transportmittel und die Reisedauer berücksichtigt werden.

Gründe für Nicht-Teilnahme bzw. Abwesenheit müssen gründlich untersucht werden (im Falle von Minderjährigen am gleichen Tag) und die notwendigen Maßnahmen müssen ergriffen werden.

Im Fall von Minderjährigen, muss der Anbieter von Sprachreisen oder der Rechtsvertreter entsprechend benachrichtigt werden.

Im Fall von Minderjährigen müssen besondere schriftliche Wünsche oder Anweisungen des Rechtsvertreters in Betracht gezogen und möglichst beachtet werden.

4.6 Welche Anforderungen gelten für Gruppenleiter?

4.6.1 Allgemeine Anforderungen für Gruppenleiter

Der Anbieter von Sprachreisen muss sicherstellen, dass

- Gruppenleiter in Übereinstimmung mit den folgenden Kriterien ausgewählt werden:
- ihre Fähigkeit, sich in der Zielsprache flüssig auszudrücken;
- ihre Fähigkeit, eine Gruppe zu beaufsichtigen;
- Gruppenleiter mindestens 18 Jahre alt sind;
- die Gruppenleiter über das Gastgeberland und den Kursort gut informiert sind;
- Schulungen angeboten werden, um Gruppenleiter zu befähigen, sich mit den verschiedenen Aspekten eines Sprachstudienprogramms, mit den Vorgängen und ihren spezifischen Pflichten und Verantwortungen vertraut zu machen;
- Material zur Verfügung gestellt wird, welches Informationen bezüglich des Programms wie Vorgänge, Kontaktpersonen und Telefonnummern, Regeln für Teilnehmer, Versicherungsdeckung und eine Liste der mit dem Anbieter von Sprachreisen abgestimmten besonderen Anforderungen der Teilnehmer enthält;

4.5 Which requirements are there regarding welfare (including care of minors)?

The language study tour provider shall ensure that arrangements are in place to deal with emergencies that may affect participants at any time during the stay.

The language study tour provider shall ensure that subcontractors are given all necessary information on their obligations, including those regarding the health and safety of the participants.

The language study tour provider shall ensure that, in respect of the contracted services, supervision is provided, taking into consideration the age, the size and composition of the group, the type of activity, the level of risk, transportation and the duration of the itinerary.

Reasons for non-attendance/ absence shall be investigated thoroughly (in the case of minors the same day) and appropriate action taken.

In the case of minors, the language study tour provider or legal representative shall be notified as appropriate.

In the case of minors, special wishes or instructions in writing from the legal representative shall be taken into account and acted on where possible.

4.6 Which requirements are there for group leaders?

4.6.1 General requirements for group leaders

The language study tour provider shall ensure that

- group leaders are selected in accordance with the following criteria:
- ability to express themselves easily in the target language;
- ability to supervise a group;
- group leaders are at least 18 years of age;
- group leaders are well informed about the host country and the course venue;
- training is provided to enable group leaders to become familiar with the different aspects of a language programme and the procedures and their specific duties and obligations;
- material is provided containing information relating to the programme, such as procedures, contact persons and phone numbers, rules for participants, insurance coverage and a list of participants' special requirements as agreed to the contract with the language study tour provider;

- Gruppenleiter in einem Einstellungsgespräch persönlich befragt werden und wenigstens alle zwei Jahre in einem persönlichem Gespräch neu bewertet werden;
- bis wenigstens ein Jahr nach der Beendigung der Tätigkeit des Gruppenleiters ein vollständiger Lebenslauf des Gruppenleiters und dokumentierte Ergebnisse des Einstellungsgesprächs in den Akten gehalten wird.

Der Anbieter von Sprachreisen muss dem Gruppenleiter eine Teilnehmerliste übergeben und klare Anweisungen machen, was im Falle eines Notfalls zu tun ist.

4.6.2 Zusätzliche Anforderungen an Gruppenleiter, die Gruppen Minderjähriger beaufsichtigen

Im Falle von Gruppen Minderjähriger, muss der Anbieter von Sprachreisen während Reisen und Freizeitaktivitäten Gruppenleiter stellen, wenn dies nicht schriftlich durch den gesetzlichen Vertreter des Minderjährigen anders festgelegt wird. Das Verhältnis muss folgendermaßen sein:

a) Reise zu und von dem Ausgangsland zum Zielland
   - per Bus, Zug oder Schiff: 1 Gruppenleiter für bis zu 15 Minderjährige;
   - per Flugzeug: 1 Gruppenleiter für bis zu 25 Minderjährige.

b) Freizeitaktivitäten, einschließlich der Durchführung der Aktivität und eventueller Wege der Gruppe zu und von dem Ort der Aktivität
   - 1 Gruppenleiter für bis zu 15 Minderjährige.

Der Anbieter von Sprachreisen muss sicherstellen, dass das Verhältnis von Gruppenleitern zu Minderjährigen den Angaben in der Tabelle (siehe unten) entspricht.

Der Anbieter von Sprachreisen muss für jede Gruppe einen hauptverantwortlichen Gruppenleiter bestimmen. Der hauptverantwortliche Gruppenleiter muss 21 Jahre alt oder älter sein und kann einer der Gruppenleiter sein.

- group leaders are interviewed and re-assessed in person at least every two years;
- complete profile of the leaders and the interview results is kept on file for at least a year from the date of the end of the group leader's employment.

The language study tour provider shall provide the group leaders with a list of participants and clear instructions as to what to do in the case of an emergency.

4.6.2 Additional requirements for group leaders supervising groups of minors

In the case of groups of minors, unless agreed to in writing by the minor's legal representative, the language study tour provider shall provide a group leader during group travel and leisure activities. The ratio shall be as follows:

a) Travel to and from the country of origin and the destination
   - by bus, train or boat: 1 group leader for up to 15 minors;
   - by plane: 1 group leader for up to 25 minors.

b) Leisure activities, including the running of the activity and any group travel to and from the place where the activity takes place
   - 1 group leader for up to 15 minors.

The language study tour provider shall ensure that the ratio of group leaders to minors is as indicated in the table (see below).

Each group shall have one senior group leader designated by the language study tour provider. The senior group leader shall be 21 years of age or over and may be one of the group leaders.

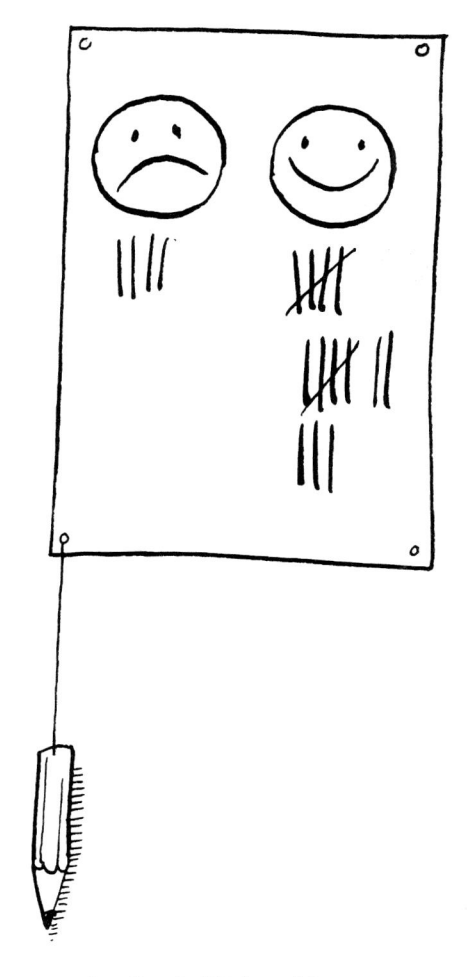

Laufende Rückmeldungen
On-going feedback

Verhältnis von Gruppenleitern zu Minderjährigen

Gruppengröße	2 bis 15	16 bis 30	31 bis 45	46 bis 60	61 bis 75	76 bis 90	91 bis 105	106 bis 120	121 bis 135
Gruppenleiter	1	2	3	4	5	6	7	8	9
Daraus 21 und älter	mindestens 1			mindestens 2			mindestens 3		

4.7 Wie wird die Kunden- und/oder Teilnehmerzufriedenheit überwacht?

4.7.1 Allgemeines

Der Anbieter von Sprachreisen muss die Kunden- und/oder Teilnehmerzufriedenheit sowohl während als auch am Ende des Sprachstudienprogramms überwachen.

4.7.2 Erste Rückmeldung

Innerhalb der ersten fünf Tage eines Aufenthalts muss der Anbieter von Sprachreisen die Zufriedenheit der Teilnehmer mit dem Kurs und den gebuchten Dienstleistungen, insbesondere von Begrüßung, Unterbringung (falls gebucht) und Unterricht bewerten.

Diese erste Rückmeldung wird systematisch durch den Anbieter von Sprachreisen bearbeitet. Das Personal des Anbieters von Sprachreisen muss sicherstellen, dass alle Probleme geprüft werden und, wenn angemessen, untersucht und/oder gelöst werden.

4.7.3 Laufende Rückmeldungen

Das Personal des Anbieters von Sprachreisen muss die Teilnehmer einladen, Rückmeldungen zu allen Aspekten der Vertragsdienstleistungen zu geben.

Das Personal des Anbieters von Sprachreisen muss die Teilnehmer informieren, wen sie ansprechen sollen, wenn sie Probleme bezüglich eines Aspekts der Vertragsdienstleistungen haben.

Das Personal des Anbieters von Sprachreisen muss sicherstellen, dass solche Probleme geprüft werden und, wenn angemessen, untersucht und/ oder gelöst werden.

Ratio of group leaders to minors

Size of group	2 to 15	16 to 30	31 to 45	46 to 60	61 to 75	76 to 90	91 to 105	106 to 120	121 to 135
Group leaders	1	2	3	4	5	6	7	8	9
of whom 21 or over	at least 1			at least 2			at least 3		

4.7 How are/is client and/or participant satisfaction being monitored?

4.7.1 General

The language study tour provider shall monitor client and/or participant satisfaction both during and after the language study programme.

4.7.2 Initial feedback

Within the first five days of each stay, the language study tour provider shall evaluate the participants' satisfaction with the course and contracted services, in particular the welcome, accommodation (if contracted) and tuition.

Feedback shall be systematically processed by the language study tour provider. Language study tour provider staff shall ensure that any problems are checked and, when appropriate, investigated and/or resolved.

4.7.3 On-going feedback

The language study tour provider staff shall invite feedback from participants on any aspect of the contracted services.

The language study tour provider staff shall inform participants whom they should consult if they have a problem concerning an aspect of the contracted services.

The Language study tour provider staff shall ensure that such problems are checked and, when appropriate, investigated and/or resolved.

4.7.4 Abschlussfragebogen

Zum Ende des Aufenthalts muss der Anbieter von Sprachreisen die Teilnehmer bitten, einen Fragebogen bezüglich der Vertragsdienstleistungen wie:

- Kurs;
- Unterbringung;
- Aktivitäten wie kulturelle Aktivitäten, Sport, Ausflüge;
- Reise

auszufüllen.

Dieser Fragebogen muss auch die

- Informationen vor Vertragsabschluss;
- Informationen vor Abreise;
- Beaufsichtigung von Minderjährigen

ansprechen.

Der Anbieter von Sprachreisen muss alle Fragebogen auswerten und weiterbearbeiten, um das Zufriedenheitsniveau zu analysieren. Der Anbieter von Sprachreisen muss nach Bestätigung der Information angemessene Maßnahmen ergreifen.

4.7.5 Beschwerdemanagement

Der Anbieter von Sprachreisen muss sicherstellen, dass ein Verfahren für die Beschwerdebehandlung besteht.

Der Eingang aller schriftlichen Beschwerden muss innerhalb von 5 Arbeitstagen nach Erhalt bestätigt werden, wenn sie nicht in diesem Zeitraum geklärt werden können.

Eine Antwort auf die Beschwerde muss innerhalb eines Monats nach Erhalt der Beschwerde gesendet werden.

4.8 Muss der Anbieter von Sprachreisen eine Haftpflichtversicherung haben?

Der Anbieter von Sprachreisen muss sicherstellen, dass eine ausreichende Haftpflichtversicherung zur Deckung der möglichen Haftung beim Erbringen der gebuchten Leistungen abgeschlossen wurde.

4.7.4 Final questionnaire

At the end of the stay the language study tour provider shall ask the participant to fill out a questionnaire regarding the services which are contracted, such as:

- course;
- accommodation;
- activities, such as cultural activities, sports, excursions;
- travel arrangements.

This questionnaire shall also address:

- pre-booking information;
- pre-departure information;
- supervision for minors.

The language study tour provider shall process all of the questionnaires in order to analyse the level of satisfaction expressed. The language study tour provider shall take appropriate action after verification of the information.

4.7.5 Management of complaints

The language study tour provider shall ensure that a procedure for dealing with complaints is in place.

All complaints received in writing shall be acknowledged within 5 working days of receipt, unless they are resolved within that period.

A response shall be made within one month of receipt of the complaint.

4.8 Does the language study tour provider need liability insurance?

The language study tour provider shall ensure that liability insurance to cover its potential liability in providing the contracted services is in place.

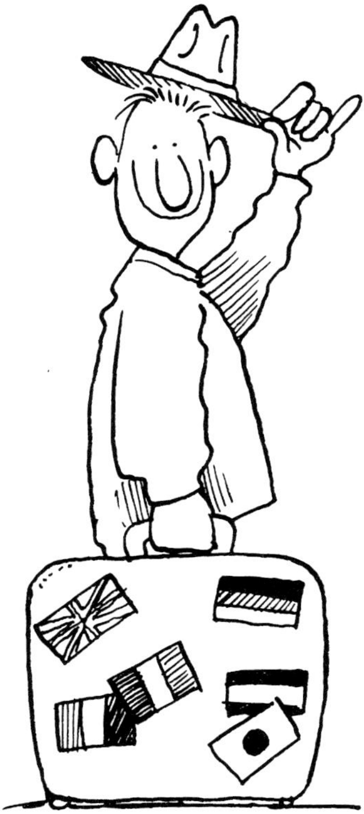